Séance du 1ᵉʳ. 3ᵉ. décade Brumaire,

L'an 2e. de la République Française, une
et indivisible.

Anacharsis Cloots, président, occupe le fauteuil;
il ouvre la séance.

Le secrétaire donne lecture du procès-verbal. Le
président met aux voix la rédaction, et elle est
adoptée.

Renaudin, membre de la société, monte à la
tribune, et dénonce deux membres de la société,
(Boissel et Picard), qui ont osé dénoncer le tribunal révolutionnaire, comme ayant condamné
injustement un accapareur. La société applaudit
aux jugemens rendus par ce tribunal. Boissel monte
à la tribune, veut développer son opinion, mais
la société suffisamment éclairée, par la confiance
donnée par les membres du comité de sûreté
générale de la convention, à ce tribunal, passe
à l'ordre du jour, motivé sur le renvoi du tout
à son comité de présentation. On demande que
les deux citoyens, membres de la société, qui
ont été dénoncés, déposent leurs cartes, et soient
privés des séances jusqu'au rapport du comité.

Un citoyen, membre de la société des sans-
culottes du Finister, obtient la parole, donne
lecture d'un mémoire qui inculpe un membre de

la société, et député à la convention. Il demande que la société lui accorde deux commissaires pour l'accompagner au comité de sûreté générale. L'assemblée nomme les citoyens Terrasson, Tachereau, Brochet et Gros, demain, mardi, à onze heures.

Le secrétaire donné lecture de la correspondance. Un membre demande que les observations faites sur Lumières, soient renvoyées au comité de présentation.

La citoyenne Mary, veuve Guillot, qui depuis le commencement de la révolution, a donné les preuves les plus éclatantes de ses vertus républicaines, qui n'a cessé d'éclairer le peuple sur ses véritables intérêts, demande à l'assemblée générale de la société, de lui accorder l'entrée à la séance, pour récompense de son zêle, et la reconnoissance qu'elle attend de ses freres, ayant fait avec activité sévere, le service de canonnier dans le ville de Lille, et notamment pendant tout le siége et le bombardement de cette ville, qu'elle n'a pas abandonné le rampart. La société applaudit à son ardent patriotisme, lui donne la séance, renvoie à son comité de présentation de lui délivrer une carte d'entrée, et demande au président de donner à cette citoyenne le baiser fraternel. Le président la place auprès de lui et lui donne le baiser.

Un membre de la députation de Mayenne obtient la parole et donne lecture d'un mémoire,
tendant à justifier les inculpations faites à cette
commune. La société applaudit à leurs sentimens.

Un membre de la Société populaire d'Yvetot
et Bolleville demande des commissaires pour les
accompagner au comité de sûreté générale de la
convention, pour y développer des mesures pour
les subsistances. La société nomme, pour les accompagner, les citoyens Coupé, député, Ferrieres,
Champion, Lathuille et Trouville, demain mardi,
à onze heures.

Une députation de la société des défenseurs de
la République, auxquels la société a prêté un de
ses bureaux, demande qu'il leur soit permis de
s'assembler dans la salle des séances de la société.
L'assemblée renvoie cette demande aux comités
réunis.

Dufourni demande la parole et monte à la tribune. Il donne connoissance à la société, de la
discussion qui eut lieu à la convention, dimanche
20 Brumaire, jour où les autorités constituées
s'étoient rendues pour demander le décret tendant à ce que la ci-devant église métropolitaine
soit appellée le temple de la raison, selon le vœu
général de la grande majorité des citoyens de
Paris, avec invitation à la convention, de se ren-
dre en masse dans ce temple, pour assister à cette

cérémonie vraiment républicaine ; Dufourni entendit avec douleur et indignation , un membre de la convention et de cette société , (Bazire), proférer ces injures : *quand donc cessera cette boucherie de députés ?* Un autre membre , Chabot , pénétré des mêmes idées , appuie ces observations ; un troisieme , Thuriot , développe le même systême. Montaut , Chalier , Bourdon-de-l'Oise , membres aussi de cette société , veulent combattre leur proposition , leurs voix sont étouffées ; la discussion s'échauffe et la convention décrete qu'aucun de ses membres ne pourra être décrété d'accusation, qu'après avoir été entendu ; qu'il pourra néanmoins être mis en état d'arrestation, sur le rapport du comité de sûreté générale ; dans ce dernier cas, s'il s'évade, il sera décrété d'accusation, et mis hors de la loi, s'il n'obéit au décret. Montaut à cette tribune , manifeste son indignation , sur toutes les demandes faites par les membres députés à la convention, et membres de cette société ; il applaudit à la juste sévérité des comités de salut public et de sûreté générale de la convention , sur les mesures prises contre les députés coupables et complices de la faction; il rend justice à l'énergie du tribunal révolutionnaire, qui est investi de la confiance de la grande majorité de la convention nationale et de celle de tout le peuple ; il conclud que la proposition de ces trois députés n'est pas celle des bons patriotes.

Dufourni reprend la parole, fait le rapport de son discours à la barre de la convention , sur la cérémonie de l'inauguration de la fête de la raison et de l'égalité , à la ci-devant église métropolitaine de Paris , et demande que la société nomme une commission dans son sein , pour rédiger une pétition tendante à se présenter à la barre de la convention , et lui demander si le peuple français peut compter sur l'énergie de la convention. Cette proposition est mise aux voix par le président ; l'assemblée adopte cette mesure , et Chaumet pour rédacteur de la pétition.

Dufourni , Hébert , Montaut, Camille-Dumoulins , ont fait l'invitation à tous les membres de la société et tous les citoyens et citoyennes des tribunes , de se porter demain , mardi , à onze heures , tous réunis , à la barre de la convention, avec les membres des sociétés affiliées de Montauban , d'Yvetot, de Landernau et de huit sociétés voisines , de Rennes , de Honfleur , de la section de la Montagne , des Amis de la Patrie , du Bonnet rouge , des Défenseurs de la patrie.

Hébert , membre , fait le rapport des dernières observations de Vergniaud , au tribunal révolutionnaire ; il reproche à Bazire sa demande à la convention , et ce même membre témoigne son étonnement de voir que la sœur de Capet ne soit pas jugée ; que les coupables détenus , complices de cette faction ne subissent pas leur jugement. Il dénonce Thuriot et lui reproche d'avoir mal reçu la députation que la société avoit envoyée pour l'arrestation de Custines, dont les malles et les chevaux de poste étoient prêts à partir

Le même annonce l'arrivée du général Jourdan à Paris, et sa présence dans la société ; Jourdan paroît à la tribune, avec cette simplicité, emblême de la vertu ; il remercie l'assemblée de son accueil fraternel, de sa confiance ; et portant la main sur la garde de son épée, il dit : ce fer ne me servira que pour combattre les tyrans et les ennemis de la République ; l'assemblée applaudit à son courage, et Anacharsis Cloots, président, lui répond : les armées de la *sans-culotterie* seront toujours invincibles, lorsqu'elles verront des généraux *sans-culottes* les conduire aux combats ; après de longues trahisons, nous avons enfin trouvé un général de bonne volonté, le vainqueur de Cobourg, le libérateur futur des bouches de l'Escaut et du Rhin, c'est-toi, Jourdan ; la société satisfaite de te voir, t'invite à sa séance. Le président donne lecture d'une lettre de Bordeaux, en date du quatre, deuxième décade Brumaire, l'an deuxième de la République, adressée à la société, par les représentans du peuple, Isabeau et Tallien ; ils y annoncent leurs grandes opérations révolutionnaires, le départ d'une guillotine pour Libourne, patrie de Guadet, la Caze et autres *scélérats* ; ils vous disent que la municipalité, les comités et l'administration du district, sont bien organisés et remplis par des braves sans-culottes ; ils vous envoyent l'état des armes enlevées aux muscadins, et distribuées à nos braves frères d'armes ; ils vous font passer plusieurs jugemens de la comission militaire, et celui des frères Raba ; ils vous annoncent le départ de Givey, Dupré, Boisguyon et Cuzzi, ex-députés, qui se rendent à Paris, ils vous les recommandent au tribunal révolutionnaire.

Ils vous donnent l'apperçu des armes, pistolets, sabres, briquets, baudriers et autres objets provenant du désarmement de la garde nationale Bordelaise ; le tout remis dans les salles d'armes du château Trompette. Savoir, fusils tant bon que mauvais, dix-huit mille ; pistolets de toute espèce, tant de munition que de différens particuliers, six mille ; sabres, briquets, épées d'uniforme, cannes à sabres, piques, dix mille ; armes à feu et armes blanches, garnis en argent massif, estimé par différens armuriers, à vingt mille livres ; dans la salle d'armes, environ deux mille gibernes, deux mille banderolles, et quinze cent baudriers pour sabres, armes non comprises qui ont été délivrées tant à l'armée révolutionnaire qu'à d'autres bataillons, le tout en bon état et par les ordres du général Brunet et les Représentans du peuple, six mille sept cent soixante-

dix-neuf. Le tout soussigné par Ducret fils , garde d'artillerie , adjoint , à Bordeaux le premier jour deuxième décade brumaire.

Dans votre dernière séance , vous avez renvoyé à votre comité de présentation , la dénonciation faite contre le citoyen Lumiere. Votre comité s'est occupé de cet objet et vous observe qu'après avoir entendu le citoyen Lumiere , contre lequel il a été fait une dénonciation par le comité révolutionnaire de Coulommiers ; après avoir entendu l'un des jurés , et un substitut de l'accusateur public dans cette dénonciation , le comité ne l'a pas trouvé fondée ; rien n'annonçant que le citoyen Lumiere y ait donné lieu , et le comité vous propose de passer à l'ordre du jour ; le renvoi des lettres du comité révolutionnaire de Coulommiers , à votre comité de correspondance , pour en envoyer une expédition des pièces à l'accusateur public du tribunal révolutionnaire , pour servir de renseignement dans l'affaire d'Aubry , prévenu et traduit devant le tribunal.

Séance levée à dix heures et demie. *signé* Anacharsis Cloots , président ; Brochet , vice-président ; Delcloche , secrétaire ; Froment , secrétaire ; Quentin , secrétaire ; Fourcroy , secrétaire ; Duboscq.

L'assemblée a arrêté l'impression du procès-

: verbal ; l'envoi à toutes les sociétés affiliées, aux armées et aux sections de Paris. *Signé* Anacharsis Cloots, président, député ; Brochet, vice-président ; Delcloche, secrétaire, rédacteur du procès-verbal ; Froment, secrétaire ; Quertin, secrétaire ; Fourcroy, secrétaire ; Jay, secrétaire ; Duboscq.

Dufourny rappelle qu'un des objets de la pétition arrêtée dans la séance de duodi dernier, étoit de conserver au comité de sûreté générale la confiance dont il a besoin pour les immenses fonctions dont il est chargé. Il annonce que la députation n'ayant pu être entendue hier, elle l'a été aujourd'hui ; que Bazire et Chabot avoient reconnu leur erreur et s'étoient retractés ; que Thuriot avoit rappellé les services qu'il avoit rendus à la révolution..... Il se fait un léger murmure. Dufourny le fait cesser en disant : Soyons sévères sur les fautes et n'oublions pas les services.

Il lit alors la pétition. Elle est ainsi rédigée :

Pétition présentée à la convention, par la société des Amis de la Liberté et de l'Égalité, séante aux Jacobins, auxquels se sont unis 21 sociétés affiliées et plusieurs milliers de citoyens ; arrêtée le le 21 brumaire, de l'an 2ᵉ. de la république une et indivisible.

REPRÉSENTANS,

Les Français l'ont juré vivre libre ou mourir, la convention l'a juré ; la liberté, l'égalité triompheront ;

tels sont nos sermens , tels sont nos devoirs. Nous tenons nos sermens ; les Français se lancent aux frontiéres, et sur les cadavres des tyrans et de leurs soldats, la victoire ouvre la marche triomphale de la liberté qui du sommet de son char, distribue le bonheur aux nations détrompées, annonce et proclame enfin la paix universelle.

Nous tenons aussi nos sermens à l'intérieur, en réduisant les villes rebelles, en exterminant les brigands , et c'est ainsi que le fer et la flamme dévoreront tous les ennemis ouverts de la république.

Mais il est des ennemis cachés : il est des traîtres, des conspirateurs, et il est aussi des patriotes immuables qui les jugent; et enfin la hache si tardive de la justice, les extermine sans distinction.

Il est enfin des hommes suspects, des malveillans, des intrigans, et les plus méprisables de tous, des jndifférens dont la coalition coupable corrompt l'esprit public, enfouit les subsistances , souille les élections ; mais la prudence tendant ses filets pour la sûreté générale, ordonne leur arrestation ; et fidels à leurs sermens, les Français les ons enchaînés.

Le précipice étoit ouvert ; les conspirateurs qui avoient jusques dans votre sein établi le foyer du volcan qui devoit tout engloutir, avoient fait nommer cette exécrable commission des douze, qui devoit proscrire tous les patriotes : mais le peuple étoit là ; mais toute la France qui a juré d'être libre ou de périr, étoit révolutionnaire ; Paris, ses autorités constituées, étoient révolutionnaires ; l'épervier fut jetté sur les principaux conspirateurs, et vous devîntes vous-mêmes révolutionnaires.

Graces vous soient rendues, représentans, vous avez organisé la révolution. Des comités de salut public et de sûreté générale, des comités de surveillance, des comités révolutionnaires, sont sous l'œil des autorités constituées ; le départ des individus de toute la France; et c'est ainsi que la patrie sera sauvée par la valeur dans les combats. par l'inflexibilité dans les tribunaux, et plus encore peut-être par cette sévérité qui imprime aux hommes suspects, une terreur salutaire.

Oui, représentans. le Français dans son dévouement, ne connoît que le courage ou la mort, la justice ou la mort, la terreur ou la mort, pour assurer sa liberté.

La terreur! elle est le salut même de ces lâches ennemis que la pitié veut bien épargner ; continuez donc, représentans, par pitié même, la Méduse de la terreur; opposez aussi cette Méduse à ces mielleux et perfides orateurs, qui avant la paix générale, voudroient vous toucher en faveur de leurs amis, et peut-être même de leurs complices.

Les Sociétés Populaires chargées de surveiller toutes les trames, de dénoncer tous les traîtres, de crier vengeance et justice, d'épurer enfin sur la coupelle de l'opinion publique, toute la masse des citoyens, pour n'employer aux fonctions, que des hommes purs ; vous dénoncent le projet de faire avorter toutes ces mesures révolutionnaires en les mitigeant, dans l'espérance de parvenir enfin à faire égorger les pa-

triotes qui en auront été les principaux agens. Déjà
l'audace des perfides se ranime, et d'après le signal
contre-révolutionnaire qui en a été impunément donné
dans cette enceinte, ils répètent : *quand donc cessera
cette boucherie de députés ?* Répondez, représentans :
lors du supplice du dernier des coupables ; lorsque
l'assemblée la plus auguste, sera aussi la plus pure ;
quand aucun audacieux n'osera improuver la vengeance nationale, calomnier la fidèle sévérité du tribunal révolutionnaire, condamner l'austère surveillance du comité de sûreté générale, engourdir le zèle
admirable des comités révolutionnaires, ou refroidir
cet esprit public, qui dicte à toute la France cette
unité de volonté, cette unité de résistance, par
lesquelles seules nous obtiendrons le bonheur.

Sachez donc, représentans, que lors même que
toutes les hordes de brigands, pâles de terreur, ob-
servent le silence de l'effroi, elles ont, dans votre
sein, des orateurs, des exacteurs d'opinions, qui
par des mots insidieux, fournissent à nos ennemis le
funeste paradoxe qu'ils doivent accréditer chaque
jour, la phrase contre-révolutionnaire, qui répétée
dans toute la France, doit altérer l'esprit, amortir
le mouvement révolutionnaire, et favoriser les plus
odieux complots.

Ne souffrez donc pas, représentans, qu'on vous
dise impunément que la terreur glaçant une partie
de la convention, ses délibérations ne sont pas libres ;
la convention ne fut jamais plus libre, jamais elle ne
fut plus grande que depuis le 31 mai. Ses immortels
décrets l'attestent à l'univers ; la terreur ne peut gla-

cer que des coupables ou des lâches. Que ceux-là soient punis ; que ceux-ci se retirent : qu'ils se retirent ! Non, qu'ils restent, le tourment des esclaves, est de voir les hommes libres ; le supplice des coupables, est de voir le triomphe de la vertu ; qu'ils restent, mais dans le silence : les coupables et les lâches ne peuvent être les représentans des Français vertueux et intrépides.

Ne souffrez donc pas, représentans, qu'on ose encore vous dise que la terreur glaçant les hommes purs dans les départemens, aucun n'osera accepter les fonctions de législateur. Oui, sans doute, la terreur écartera les intrigans et les lâches ; mais l'homme pur mettra toujours sa gloire à occuper, après vous, sur cette montagne, cette place d'où vous défendîtes la liberté, et la vertu courageuse acceptera toujours la mission suprême d'être l'organe de la volonté du peuple et d'être l'instrument de son bonheur.

Ne souffrez pas qu'on vous dise que ce que vous faites est souvent l'ouvrage de la précipitation et des passions. Il faut un parti d'opposition ; il faut relever le courage, ce côté droit que la terreur fait ramper au pied de cette toute-puissante Montagne, il faut qu'il se ranime qu'il lève la tête avec confiance, qu'il lutte même contre les patriotes... Oui, sans doute, il faut une discussion, mais opérée par la seule diversité des lumières et de la nature des esprits qui tendent fraternellement à un même but et sans former un parti ou un côté droit, c'est cette discussion qui a lieu actuellement de la manière la plus libre : et qui peut mieux constater cette liberté que

(14)

l'audace impunie de ceux qui insultant ainsi à l'assemblée, la réclament ?

Profitez, représentans, de l'imprudent avis qui
vous est donné. Oui, il existe encore un côté droit,
il n'attend que du courage et un chef. Ses plain tes
trémulantes ne sont pas à la vérité du courage ; mais
suspendez, ajournez la terreur, et le chef, n'en doutez
pas, ce chef paroîtra ; peut être est-il déjà indiqué.

Quoi donc! vous qui êtes la Minerve des Français,
touchés d'une imprudente pitié, vous laisseriez le
crime enlever de dessus votre égide, la Méduse de
la terreur, afin que désarmés, les vrais représentans
du peuple pussent être égorgés. Non, représentans,
non, nous ne le souffrirons pas redoublez de sévérité ; paralisez les méchans, accusez, sans distinction d'auteurs et de complices ; accusez ; sans exception, tous les coupables ; que les tribunaux pronon-
cent avec sécurité! pour nous, nous vous dénonce-
rons tous les traîtres et les perfides, et sur tout les
plus dangereux par leurs pouvoirs, ceux qui seroient
revêtus, mais indignes, des fonctions de général ou
de député.

Suspendre un mouvement révolutionnaire, s'arrêter
au milieu de la victoire, représentans, c'est reculer,
c'est perdre la liberté, c'est se faire égorger sur le
champ de bataille. Reculerez-vous ? Non; mais; certes,
les Français libres ne reculeront jamais, ils ne s'arrê-
teront pas, ils seront toujours fidèles à leurs sermens,
toujours révolutionnaires, toujours l'appui de la Montagne ; qu'un parti, qu'un côté droit ose reparoître;
il disparoîtra.

Non , le salut public n'est pas seulement dans les
mains des représentans. Ils en sont les instrumens ho-
norables ; mais il réside dans la volonté , la justice
et la force du peuple. Il donne son appui, et la
vertu triomphe. Il imprime la terreur, et les mons-
tres rentrent dans leur caverne.

Les patriotes immuables de la société des Amis
de la Liberté et de l'Egalité , séante aux Jacobins ,
ceux des sociétés affiliées de Montauban , d'Yvetot,
de Landernau , et de huit sociétés voisines , de Renne
et de Honfleur , ceux des sections de la Montagne ,
des Amis de la Patrie , du Bonnet-Rouge, des Défenseurs de la Patrie , de la Fontaine de Grenelle ,
du Contrat-Social , de la fraternité ont pris , avant
hier , la résolution de vous présenter une suite de
vœux : les trophées de la superstition mise en fuite
par les habitans de Franciade occupoient hier la barre ;
nous nous présentons aujourd'hui , non avec des
lingots et des pierreries , mais avec les trésors que
vous prisez le plus, ceux des principes, c'est en vous
les retraçant sans cesse que nous vous demandons,

1º. De maintenir l'égalité en livrant au tribunal révolutionnaire avec les grands coupables , tous leurs
complices et surtout de traiter plus sévèrement encore les généraux et les représentans.

2º. D'envoyer au tribunal révolutionnaire la sœur
de Capet le dernier tyran des Français.

3º. De maintenir dans toute leur rigueur toutes
les mesures révolutionnaires et à cet effet d'impri-
mer aux comités qui sont chargés de leur excution

ét sur-tout au comité de sureté générale la plénitude des pouvoirs de confiance dont vous êtes investis, pour les préserver de toute résurrection du côté droit et de toute formation de parti.

4°. De réprimer tout membre qui oseroit, par la témérité de ses propositions, dégrader la liberté des opinions, diroit calomnieusement que le tribunal révolutionnaire prononce des boucheries ; donneroit aux mécontens, pour signal, ces mots de convention que les journaux leur transmettent, qui relèvent leurs espérances et appellent la persécution sur les patriotes ; quiconque enfin voudroit former un parti ou ressusciter le côté droit.

5o. De retirer le décret d'exception, porté, le 20 brumaire, en faveur des députés susceptibles d'arrestation et d'accusation.

Surveillance, vigueur, justice, unité, égalité, Montagne, vous l'avez juré avec toute la République; vous remplirez vos devoirs, et les Français tiendront leurs sermens.

Signé, L. P. DUFOURNY, l'homme libre.

Au nom des sociétés et de plusieurs milliers de citoyens.

De l'Imprimerie des 86 départemens et de la Société aux Jacobins.